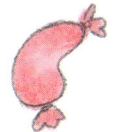

Werner Färber

Geschichten vom kleinen Weihnachtsmann

Illustrationen von Katharina Wieker

Die Deutsche Bibliothek – CIP-Einheitsaufnahme

Bildermaus-Geschichten vom kleinen Weihnachtsmann / Werner Färber.
Ill. von Katharina Wieker.
– 1. Aufl. – Bindlach : Loewe, 2001
(Bildermaus)
ISBN 3-7855-3877-4

Der Umwelt zuliebe ist dieses Buch
auf chlorfrei gebleichtem Papier gedruckt.

ISBN 3-7855-3877-4 – 1. Auflage 2001
© 1995 Loewe Verlag GmbH, Bindlach
In anderer Ausstattung bereits 1995 beim Verlag erschienen.
Umschlagillustration: Katharina Wieker
Reihengestaltung: Angelika Stubner

www.loewe-verlag.de

Inhalt

Wie man Weihnachtsmann wird

Bis gestern ist der kleine

ein ganz normaler  gewesen.

Seit heute ist er amtlich geprüfter

 . Dafür hat er viele

dicke  lesen müssen.

In einem  stand, wie man

 auf einen  packt.

In einem anderen  stand,

wie man einen schmückt.

Der kleine ⬚ hat gelernt,

dass ⬚ oder ⬚

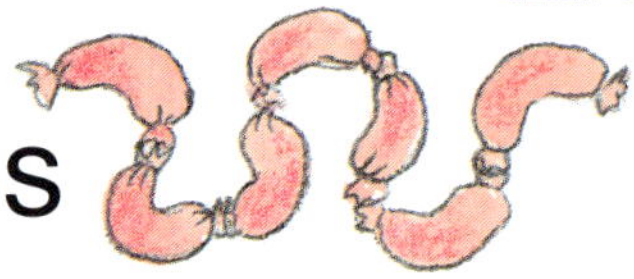

an einem  ⬚ nichts

zu suchen haben. Erlaubt sind

dagegen ⬚ , goldene ⬚

und  ⬚ . Einen weißen ⬚

muss man nicht unbedingt haben.

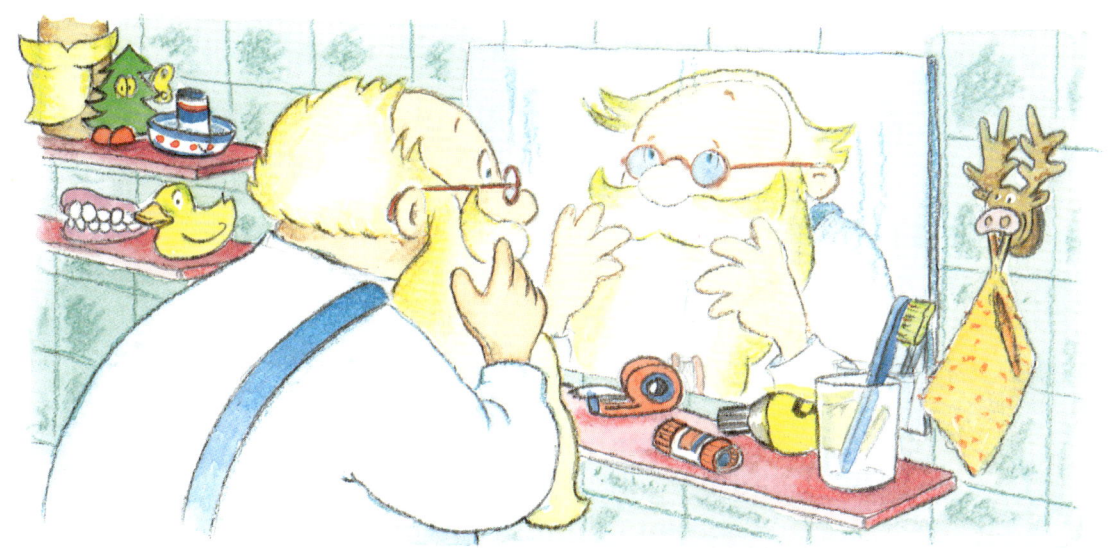

Einen  kann man sich auch

ankleben. Aber als muss

man durch einen klettern

können. Man darf sich nicht

im 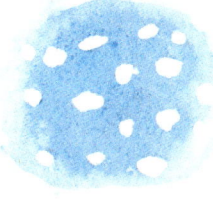 verlaufen, selbst

wenn es riesige schneit.

Und man muss  lieben.

Sonst kann man einfach kein

werden. Aber der kleine

hat alles richtig gemacht.

Deshalb hat er einen ,

eine  , zwei  und

einen  bekommen. Und

nun darf er bald  verteilen.

Ohne Brille

Mitten im

steht gut versteckt das

vom kleinen . Er liegt

noch im und schläft.

Nur seine rote schaut

unter der hervor.

Da klingelt plötzlich der .

Heute muss er  verteilen.

Er strampelt mit den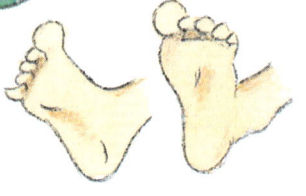

die 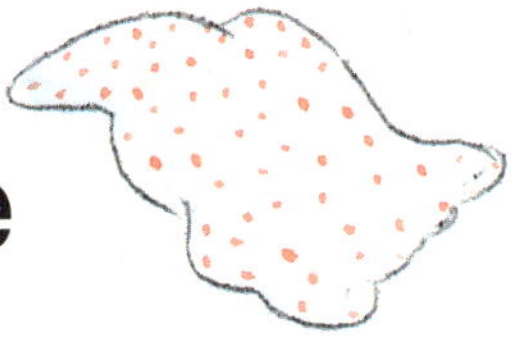  weg und reibt

sich verschlafen die  .

„Wo ist meine ?", fragt er.

Auf dem  liegt sie nicht.

Der kleine steht auf

und tritt beinahe in den .

„Pass auf!", ruft die und

schiebt den beiseite.

„Mit wäre das nicht

passiert!", sagt die .

Der kleine schlüpft

in seine großen  .

„Brrr", sagt er, „kalt wie ."

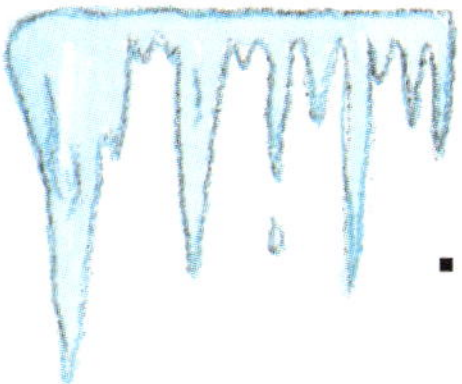

Er schaut in den

und krault sich den  .

„Du siehst verschlafen aus",

sagt er zum  im  .

„Erst einmal frisch machen."

Er geht unter die  .

Mit seinem großen

seift er sich gründlich ein.

Da flutscht ihm plötzlich die

nasse  aus den  .

„Verflixt", sagt der kleine  .

Mit geschlossenen  tastet

er nach der  . Er rutscht aus

und landet auf dem  .

„Mit  wäre das bestimmt

nicht passiert", sagt die

leise. „Ich dusche aber nie

mit  ", grummelt der

kleine . Er rubbelt sich

mit dem großen trocken.

Er kämmt die wenigen

und bürstet den vollen  .

Er zieht die  und das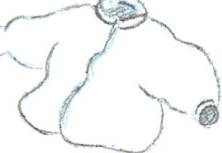

an. Auf dem  findet der

kleine  seine  .

Er schaut auf den  .

„Oje", sagt der kleine

und zieht sich wieder aus.

Der   hat zu früh geklingelt.

Die  sind erst

morgen dran.

Das Geschenk

Frühmorgens bringt der

ein sehr langes  .

„Für den kleinen  persönlich",

steht darauf. „Nanu", sagt der

kleine  . „Bekomme ich

etwa auch ein  ?" Er macht

das lange 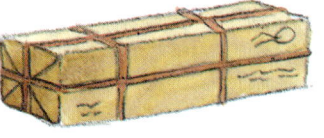 auf.

Jemand hat ihm  geschickt.

„Was soll ich denn damit?",

fragt der kleine . „Ich kann

doch gar nicht  fahren."

Er setzt sich an den

und frühstückt. vor dem

beginnt es zu schneien.

Es hört gar nicht mehr auf.

Mittags muss der kleine

hinaus und  schaufeln.

Und als er zum

zurück will, ist der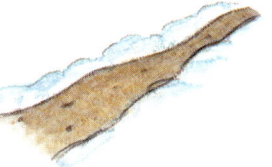

schon wieder zugeschneit.

Der kleine  stapft zum  .

Er holt die  und übt.

Erst fällt er dauernd hin. Einmal

fährt er sogar gegen einen  .

Der kleine  wird ganz weiß.

Aber bald kommt er gut zurecht.

Er packt all die vielen

auf seinen 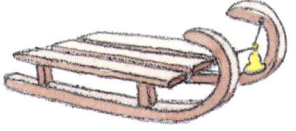 . Dann

stellt er sich auf die  .

So kommt der kleine  ganz

leicht durch den tiefen  .

Und noch ein Geschenk

Spät kommt der kleine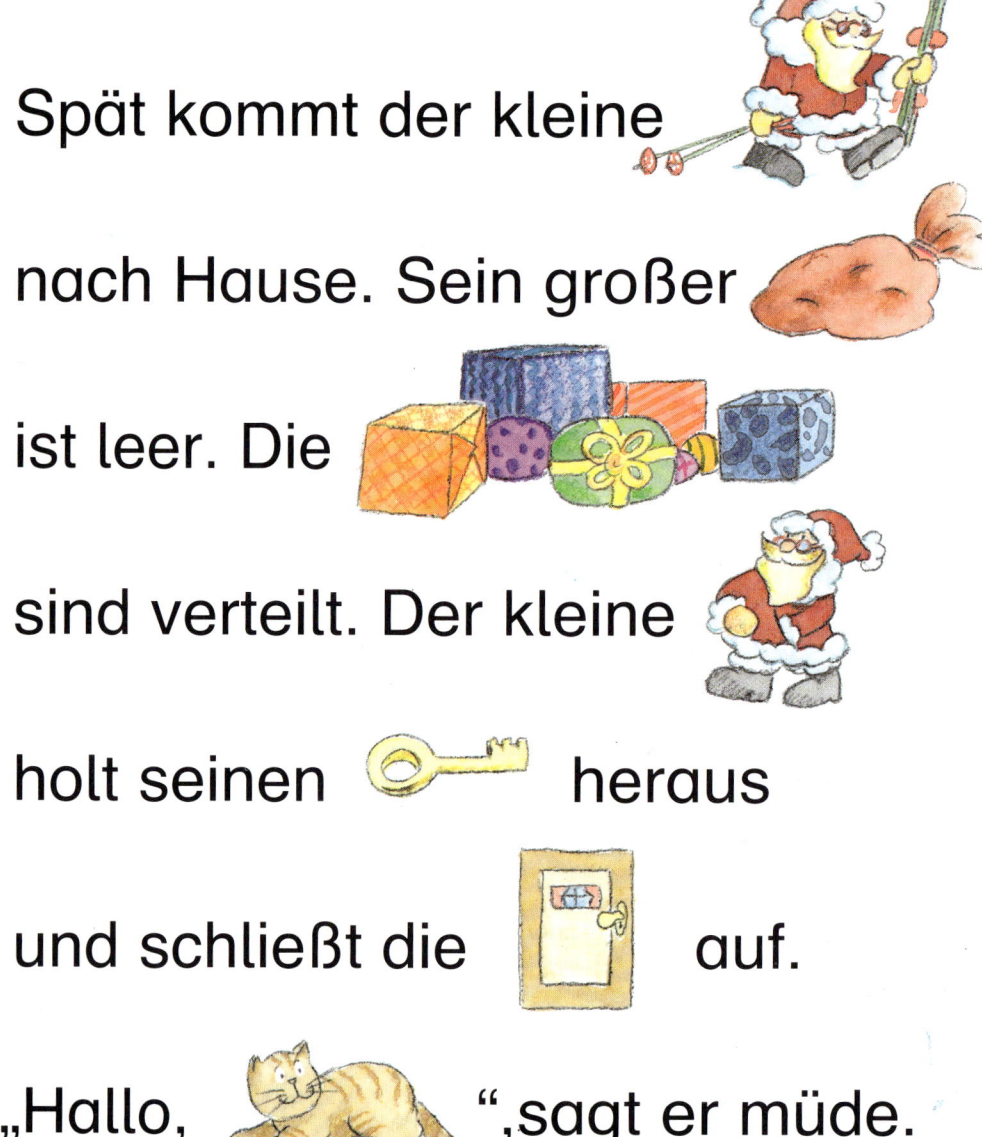

nach Hause. Sein großer

ist leer. Die

sind verteilt. Der kleine

holt seinen   heraus

und schließt die   auf.

„Hallo,   ", sagt er müde.

Die  faucht erschrocken.

Sie erkennt den kleinen

fast nicht wieder. Er ist nämlich

schwarz wie ein  .

Bestimmt hat er alle

wieder heimlich übers

durch den  gebracht.

Der kleine  zieht die

aus. Schwarze  steigen auf.

Er legt seinen  ab.

Der staubt ganz fürchterlich.

Als der kleine  seine

absetzt, muss er niesen. „Ab in

die  ", sagt der kleine

und stopft alles hinein.

„Jetzt bin ich hungrig", sagt er.

Er stellt den  an und haut

ein 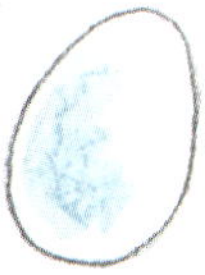  in die  . Vergnügt

schmiert er sich ein  .

Gerade will er sich an den

setzen, da klingelt es an der  .

„Wer mag das sein?", fragt der

kleine   die  .

Er wickelt sich in eine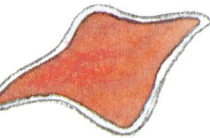

und schlurft langsam zur  .

Der   bringt ein  .

Der kleine   soll es

noch heute einem  bringen.

„Tut mir leid", sagt er, „aber

mein , meine und

meine  sind in der .

Und die ist auch schon

aufgegangen. Das ist viel zu spät

für einen kleinen ."

„Ist da wirklich nichts zu

machen?", fragt der  .

„Nein", antwortet der kleine .

„Das arme  ", sagt der .

Traurig sieht er das  an.

Der kleine  überlegt.

„Wie wäre es", fragt er, „wenn du

dem  das  bringst?"

Erschrocken schüttelt der

den  . „Ich? Aufs  ?",

fragt er. „Niemals!"

„Dann stell es doch einfach vor

die  ", sagt der kleine  .

 „Das wird es schon finden."

Und jetzt wissen wir, warum

nicht jedes  vom

gebracht wird.

Die Wörter zu den Bildern:

 Weihnachtsmann

 Engel

 Mann

 Glocken

 Bücher

 Kerzen

 Geschenke

 Bart

 Schlitten

 Schornstein

 Weihnachtsbaum

 Wald

 Würste

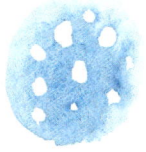 Flocken

 Fledermäuse

 Kinder

 Mantel

  Augen

 Mütze

 Brille

 Stiefel

 Nachtisch

 Sack

 Nachttopf

 Haus

 Katze

 Bett

 Pantoffeln

 Bettdecke

 Eiszapfen

 Wecker

 Spiegel

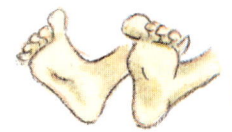 Füße

 Dusche

 Schwamm

 Kalender

 Seife

 Postbote

 Hände

 Paket

 Po

 Ski

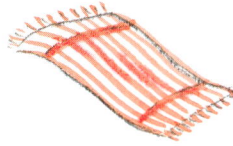 Handtuch

 Tisch

 Haare

 Fenster

 Hose

 Schnee

 Hemd

 Weg

 Stuhl

 Baum

 Schlüssel

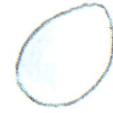 Ei

 Tür

 Pfanne

 Schornsteinfeger

 Brötchen

 Dach

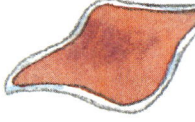 Wolldecke

 Wolken

 Sonne

 Waschmaschine

 Kopf

 Herd

Mit Bildern lesen lernen

Geschichten vom Fußballplatz

Werner Färber
Rooobert Bayer

Geschichten von der Dachboden-Bande

Hermien Stellmacher

Geschichten vom kleinen Feuerwehrmann

Werner Färber
Jan Birck

Geschichten vom kleinen Indianer

Werner Färber
Gabi Selbach

Geschichten aus der Schule

Werner Färber
Klaus Puth

Geschichten vom kleinen Pony

Werner Färber
Sabine Kraushaar

ebenfalls erschienen:
Bildermaus-Geschichten vom kleinen Pinguin
Bildermaus-Geschichten von der netten Krankenschwester
Bildermaus-Geschichten vom kleinen Weihnachtsmann

Stufe für Stufe zum Leseerfolg!

Loewe